AF450394

DES CAUSES

DE

L'INÉGALITÉ DES RICHESSES.

1.

TYPOGRAPHIE FIRMIN-DIDOT — MESNIL (EURE).

DES CAUSES

DE

L'INÉGALITÉ DES RICHESSES,

PAR

M. HIPPOLYTE PASSY,

DE LA SECTION D'ÉCONOMIE POLITIQUE.

PARIS,

FIRMIN-DIDOT ET Cⁱᵉ, LIBRAIRES,

IMPRIMEURS DE L'INSTITUT,

rue Jacob, 56.

DES CAUSES

DE

L'INÉGALITÉ DES RICHESSES.

L'ordre social n'est pas le fruit de combinaisons purement artificielles. Au-dessus des règles que les hommes sont libres d'imposer à ses développements, subsistent des lois primitives qui en déterminent les parties fondamentales ; et ces lois produisent des faits qui, non moins immuables que les sources éternelles dont ils dérivent, demeurent les mêmes à tous les âges de la civilisation.

Parmi les faits dont la constance et l'universalité attestent le caractère providentiel, nul n'est plus distinct que l'inégalité des richesses. Vainement les sociétés ont-elles subi les vicissitudes les plus diverses ; vainement de nombreuses transformations se sont-elles accomplies successivement dans leur sein, jamais, en aucun lieu ni à aucune époque, les hommes n'ont eu semblable part aux biens de ce monde ; jamais les privations et le bien-être ne leur ont été distribués dans la même mesure : partout et de tout temps, il s'en est trouvé de moins pauvres ou de plus riches que les autres ; et avant même qu'ils fussent sortis de la vie sauvage, l'indigence, dont nul d'entre eux ne pouvait se défendre, avait ses degrés et ne pesait pas également sur tous.

C'est que des causes nombreuses et diverses travaillent sans cesse à différencier les conditions et les fortunes. Ces causes sont primordiales, et il n'est pas donné aux législateurs d'en pouvoir contenir ou supprimer l'inflexible et permanente activité.

La première et la principale, c'est la disparité des qualités natives. La nature ne dispense pas ses dons d'une main impartiale. Elle a ses élus et ses délaissés : aux uns, elle prodigue toutes les distinctions, toutes les supériorités du corps et de l'esprit ; à d'autres, elle refuse jusqu'aux facultés les plus vulgaires : elle crée des forts et des faibles, des insensés et des sages, des idiots et des génies universels ; et des hommes entre lesquels elle

met des différences d'aptitude innombrables ne
sont capables ni des mêmes efforts ni des mêmes
succès.

A cette cause toute-puissante d'inégalité s'en
joignent d'autres à peine moins efficaces. Durant
tout son cours, la vie humaine est sujette à des accidents dont la variété infinie réagit sans cesse sur
les situations. Ainsi, ni la mort ni les maladies ne
respectent aucun âge. Des existences prospères
sont brisées prématurément ou condamnées à
languir sous le poids d'infirmités incurables; et
de tels coups n'atteignent pas seulement des êtres
isolés, trop souvent ils retombent sur des familles
entières qui, privées de l'appui de leurs chefs, demeurent vouées à une indigence dont il leur est
impossible de se relever. Dans cet ordre de faits,
il n'y a pas jusqu'à l'inégale fécondité des ma-
riages qui n'ait sa part d'influence et ne contri-
bue puissamment à diversifier les fortunes.

Ce n'est pas tout : rien, dans les œuvres de
l'homme, n'est à l'abri d'événements dont la sagesse la plus attentive ne saurait prévoir le cours.
Pas d'affaire, pas de combinaison, pas de spécu-
lation industrielle ou mercantile dont les résultats
soient jamais pleinement assurés. Un sinistre, im-

possible à prévoir, peut faire échouer l'entreprise en apparence la mieux concertée et entraîner la ruine de ses auteurs : en revanche, un caprice du sort peut couronner une témérité folle et donner l'opulence à qui ne la méritait pas. Incendies , faillites, naufrages, intempéries des saisons, mille accidents divers viennent anéantir les fruits de longs travaux et faire succéder le dénuement à l'aisance. Il y a plus : on voit des calamités, dont les uns sont victimes, devenir profitables aux autres. Ainsi l'orage, qui, sur un point, dévaste les campagnes et anéantit de riches moissons, dépose parfois ailleurs de nouveaux germes de fertilité. De même, il est rare que les disettes dont les ravages appauvrissent une contrée, ne deviennent pour celles qui disposent d'excédants de récoltes une cause de lucre et de bénéfices; de même encore, il arrive à des armateurs de perdre leurs vaisseaux sous les efforts de tempêtes qui ne font que pousser ceux de leurs concurrents plus rapidement au port. Partout les hommes ont à rencontrer des risques et des éventualités qu'ils ne sauraient maîtriser, et qui, sous le nom de hasard, viennent déjouer les calculs de leur prudence, et semer dans tous les rangs des disgrâces et des prospérités également inattendues.

Telles sont les principales d'entre les causes de l'inégalité des richesses. C'est du sein de régions inaccessibles aux volontés humaines que ces causes opèrent. Leurs effets se mêlent et se combinent, s'entr'aident ou se combattent; mais c'est pour aboutir à un dernier et inévitable terme, à mettre dans les fortunes des disproportions sans nombre.

Il importe, au reste, de le remarquer : l'inégalité est la loi de ce monde, et les jouissances de la richesse ne sont pas les seules auxquelles chacun n'ait point part. Loin de là : rien de ce qui peut affecter les destinées humaines, en bien ou en mal, n'échappe à l'ascendant de lois qui n'en permettent pas la dispensation uniforme; et il est des avantages, auprès desquels ceux de la fortune n'ont que peu de prix, qui ne sont pas distribués avec moins de partialité.

Voyez la santé! C'est le premier des biens, celui sans lequel la vie n'a que des amertumes. Eh bien! la santé n'est pas même accordée à tous. Partout, il est des hommes qui ne l'ont pas reçue avec la naissance, ou que des accidents fortuits en ont privés, et qui, cloués sur un lit de douleur, ne comptent que des jours en proie à d'interminables souffrances.

Dans l'ordre affectif et moral, dans cet ordre d'où nous viennent les joies et les peines les plus vives qu'il nous soit donné de ressentir, mêmes discordances, mêmes contrastes. Là, tout est motif de contentement pour les uns, et sujet de chagrin pour les autres. A côté de familles dont la prospérité croissante assure la félicité, il s'en trouve que des pertes irréparables ont condamnées à un deuil éternel; et tandis que certaines existences s'écoulent tout entières au milieu de satisfactions continues, d'autres, même parmi celles dont l'éclat extérieur fait l'envie de la foule, ne sont qu'un long tissu d'afflictions et de douleurs.

D'où vient qu'il en est ainsi? Pourquoi tant de partialité dans la répartition des biens et des maux de la vie? Poser de telles questions, ce n'est autre chose que demander pourquoi l'humanité ne tient pas de son auteur et un séjour plus conforme à ses désirs et de meilleures conditions d'existence. Vainement nous en plaindrions-nous. La destinée humaine a ses rigueurs : seulement à ses rigueurs se rattachent des avantages qui les surpassent, et il n'en est pas, parmi celles qui demeurent inévitables, qu ne soient le principe d'améliorations dont la réalisation est à la fois nécessaire et bienfaisante.

A ne considérer ici que l'inégalité des richesses, sans doute des inconvénients l'accompagnent, et c'en est un surtout que ces extrèmes de dénue ment et d'opulence qui subsistent au sein des sociétés les mieux ordonnées; mais cette inégalit n'en est pas moins le mobile principal des progrès les plus essentiels au bien-être de tous, et si, dès l'origine, elle n'eût existé, l'humanité tout entière subirait encore le joug de misères bien autrement rudes et poignantes que celles qui, chez les peuples arrivés à la civilisation, continuent à peser sur les plus pauvres. Rien de plus facile à démontrer.

L'homme, en effet, n'est pas arrivé en ce monde convive attendu à un banquet préparé sans son concours. Loin de là : il y a été jeté nu, ignorant, affamé, en butte à d'innombrables privations, ayant peine à défendre ses jours constamment menacés et fréquemment abrégés par la faim et les souffrances. Mais, à la différence des autres créatures, l'homme avait reçu le pouvoir d'améliorer sa condition. La conscience et la raison formaient son partage distinctif. Si ses forces étaient étroitement bornées, une intelligence essentiellement perfectible en gouvernait l'usage. Mais en présence des créations spontanées de la nature, c'était à lui à rechercher, à découvrir les moyens de les approprier à ses besoins, en un mot, à apprendre à porter dans ses efforts une habileté dont le progrès devait infailliblement en accroître la récompense.

Telle était la tâche imposée à l'humanité. La plupart des sociétés l'ont commencée, et plus elles l'ont avancée, plus s'est modifiée à leur profit la proportion préexistante entre les peines et les fruits du travail, plus une même somme d'efforts leur a valu de bien-être. Mais cette tâche avait ses conditions de succès. Elle ne pouvait s'accomplir qu'au moyen de conquêtes que la diversité des aptitudes, des conditions et des fortunes, a seule le don de rendre possibles : il suffit, pour s'en convaincre, d'examiner en quoi consistent ces conquêtes et comment elles s'opèrent.

La première des conquêtes que les hommes aient à faire pour tirer meilleur parti de leurs forces, c'est celle des connaissances qui leur manquent. Le corps n'est qu'un instrument aveugle, et ce sont les lumières de l'esprit qui déterminent le degré de puissance de ses efforts. Aussi n'est-il pas un progrès industriel qui n'exige préalablement un progrès de l'esprit. Ce n'est qu'à mesure que le nombre des découvertes augmente, que des matières brutes dont l'utilité n'était pas connue entrent au nombre des choses qui fournissent des moyens de bien-être, que des instruments, des outils, des procédés meilleurs viennent remplacer ceux qui étaient en usage, et que des labeurs dont l'application se perfectionne produisent davantage.

Rien de plus distinct dans les œuvres des peuples que l'effet de l'inégalité de leurs lumières. A peine une année suffit-elle à un habitant des rivages de l'Australie pour façonner une pirogue, et, dans le même laps de temps, un paysan des côtes de la Norwège achève au moins une douzaine de canots excellents. Tous deux cependant dépensent la même somme d'efforts; mais l'un n'a ni les connaissances, ni les instruments dont l'emploi rendrait ses labeurs plus efficaces; l'autre, au contraire, les possède, et sous ses mains expertes et fortement armées, la besogne marche plus vite et s'accomplit mieux. Pareils contrastes se représentent dans tous les

genres d'industrie et d'occupation ; dans tous, la
rémunération réalisée dépend du degré d'art et de
savoir qui préside à l'emploi des forces humaines,
et il en est où, grâce à la puissance des machines
en usage, un seul ouvrier obtient maintenant des
produits dont la confection, en quantité égale,
nécessitait encore, il y a quelques siècles, le travail
de plusieurs centaines de personnes. Ce fut, par
exemple, une immense découverte que celle de
l'agriculture. Des populations, auparavant réduites
à subsister des hasards de la pèche et de la chasse,
lui durent des ressources d'une abondance et d'une
régularité qui les affranchirent immédiatement
d'une foule de privations et de souffrances ; mais,
à l'origine, l'art avait peu de puissance, et il fallut
que des découvertes nouvelles vinssent successivement lui en donner. Ainsi des observations de
plus en plus étendues et exactes permirent de
substituer à des pratiques ignorantes des pratiques
plus savantes et plus efficaces, à des outils grossiers et imparfaits, des instruments d'une énergie
plus féconde ; et nul doute que, dans les États
avancés de l'Europe, la terre, habilement exploi-
tée, ne rende à présent quinze ou vingt fois plus
de produits qu'elle n'en donnait, à surface égale,

aux époques où la culture commença ses premiers et laborieux essais.

Ainsi, entre les progrès du travail et ceux de l'intelligence existent des relations de dépendance intime et continue. Les hommes ne réussissent à obtenir, des peines que leur coûte le travail, de plus amples moyens de pourvoir à leurs besoins qu'à la condition de s'éclairer; et, de tout temps, l'atténuation de leurs misères a été au prix de l'acquisition de connaissances qu'ils ne possédaient pas encore.

Les conquêtes de l'esprit, si elles sont le principe de tout progrès industriel, ne suffisent pas toutefois à la réalisation des avantages qu'elles permettent d'obtenir. L'homme n'agit sur les choses qu'avec l'aide de forces matérielles, et il est tenu, avant d'entreprendre une œuvre, de se pourvoir des avances qu'en nécessite l'exécution. Qu'un sauvage, par exemple, veuille se fabriquer un vêtement ou se construire une hutte, il faut qu'il commence par amasser, outre les matériaux qu'il se propose d'employer, les provisions dont il aura besoin pour se nourrir durant le cours de ses labeurs. Pareille nécessité subsiste dans tous les temps et à toutes les époques. Pas d'entreprise, pas de création ou d'amélioration industrielle qui puisse s'accomplir sans le concours de produits mis en réserve, d'épargnes amassées; en d'autres termes, d'un capital acquis et disponible. Vainement les sciences avanceraient-elles; vainement de grandes et belles découvertes viendraient-elles ouvrir de nouvelles sources de richesse, les sociétés ne pourraient y puiser, si des capitaux suffisants ne leur permettaient de subvenir aux frais que réclame tout travail productif. Rien ne se fait, ne s'achève sans l'assistance de capitaux proportionnés à l'importance des œuvres à exécuter. C'est avec des épargnes, soustraites à la consommation immédiate, que les habitations, les usines, les villes qui couvrent la terre ont été bâties, que le sol lui-même a été défriché et mis en valeur, que des canaux et des voies de communication ont été construits. Outils, machines, meubles, métaux monnayés, vêtements, tout ce qui recèle du travail humain, tout ce qui, sous quelque forme que ce soit, constitue la richesse des peuples, n'existe que grâce à l'emploi successif des capitaux qui en ont soldé la création. Dans la réalité, toutes ces choses ne sont que des capitaux transformés, et leur valeur n'est au fond que la reproduction de celle des avances qu'elles ont absorbées. Otez aux sociétés la faculté d'accumuler des capitaux, et il leur sera impossible d'étendre davantage la sphère de leur activité, d'utiliser les connaissances qui deviendront leur partage, et de semer dans le présent les prospérités que l'avenir recueille. Partout, la capacité productive des sociétés dépend de l'abondance des capitaux dont elles disposent; et jamais cette vérité ne s'est manifestée avec autant d'éclat que depuis un demi siècle. Aujourd'hui, les sciences forment une sorte de patrimoine dont toutes les nations de l'Europe jouissent en commun. A peine une découverte a-t-elle lieu sur un point, qu'elle est transmise sur tous les autres; et cependant, partout, elle n'est pas également mise à profit. Ainsi, ni l'Espagne ni la Russie n'ignorent quels avantages produisent et les chemins de fer, et les canaux, et mille autres moyens de développement économique; mais elles se bornent à en regretter le manque, et s'abstiennent d'en créer. C'est que ni l'une ni l'autre n'ont les capitaux indispensables au succès de telles confections, et force leur est de s'en passer.

Des lumières et des capitaux, voilà donc quels

ont été, et quels seront toujours les éléments générateurs de toute richesse ; voilà les acquisitions sans lesquelles l'humanité n'aurait pu sortir du dénuement originaire ; voilà les biens dont l'accumulation successive lui a permis de croître progressivement en aisance et en dignité. Maintenant, ces biens indispensables, cherchez comment ils naissent, se forment et se propagent, et vous verrez qu'ils n'ont et ne peuvent avoir d'autres sources que les inégalités que la nature a mises entre les hommes, afin qu'elles se reproduisissent dans les conditions et les fortunes.

Ainsi, c'est à la disparité des aptitudes natives que sont dues les lumières dont le développement amène l'amélioration des destinées sociales. Si la Providence eût voulu que les hommes fussent formés tous d'après un type unique, elle leur aurait, par cela même, interdit tout progrès intellectuel. En effet, tous alors eussent été mus par les mêmes besoins et les mêmes désirs, tous eussent été guidés par les mêmes idées, tous eussent tendu au même but et suivi les mêmes voies, et l'identité des occupations eût confiné leurs découvertes dans un cercle étroitement limité. La variété des aptitudes, au contraire, appela les hommes à s'éclairer de plus en plus. Bien que, dans le principe, ils ne vécussent que des libéralités gratuites de la terre, c'était sans les recueillir exactement de la même manière. Chacun, dans l'emploi de son temps, consultait ses goûts et ses forces, et la pêche, la chasse, la recherche des végétaux alimentaires, obtenaient des préférences distinctes. Ce n'est pas tout : chacun aussi portait dans les labeurs de son choix les particularités de son caractère et de son organisation. Il y avait des chasseurs qui, confiants dans leur vigueur et leur intrépidité, attaquaient de front les animaux dont ils convoitaient les dépouilles; il y en avait d'autres qui usaient de ruse et de patience pour les surprendre; d'autres encore qui les attiraient dans des pièges ingénieusement dressés. Chaque industrie, compatible avec le savoir de l'époque, se subdivisait ainsi en branches spéciales, et le nombre des découvertes augmenta en raison même de la diversité des modes de l'activité personnelle. On sait combien l'habitude d'un travail le rend facile à qui l'exécute : de même, les efforts de l'esprit ont d'autant plus de succès, qu'ils sont plus persistants et se concentrent davantage. C'est là surtout ce qui rendit la diversité des aptitudes si favorable aux développements de l'intelligence. Autant de sortes d'occupation, autant de champs où mûrissaient les fruits de l'expérience, autant de sources où se puisaient des enseignements utiles, autant de foyers où s'amassaient les lumières dont l'humanité avait besoin pour imprimer à ses travaux une direction de plus en plus féconde.

A chaque progrès qui se réalisa, les avantages attachés à la diversité des vocations acquirent plus d'importance. Des arts nouveaux naquirent, et les occupations, en devenant plus diverses, se séparèrent davantage. Il y en eut, à la fin, pour tous les goûts, pour toutes les aptitudes, pour toutes les spécialités de force, d'adresse, d'intelligence; et la civilisation, poussée en avant par la multiplication continue des connaissances, marcha avec une rapidité constamment croissante.

Les lumières, toutefois, ne se seraient développées qu'avec une extrême lenteur si elles n'avaient eu d'autre véhicule que la diversité des penchants, des goûts et des occupations. Il en fallait un plus fécond et plus actif, et ce véhicule se trouva dans l'inégalité même des forces intellectuelles. La nature, qui met à la charge des sociétés bon nombre d'êtres trop faibles pour subsister sans l'assistance d'autrui, jette aussi dans leurs rangs des esprits qui s'élèvent au-dessus du niveau ordinaire. A ceux-là est dévolue une noble et tutélaire mission : celle d'éclairer et de guider leurs semblables. La pensée créatrice leur appartient : armés des connaissances acquises, ils s'en servent pour conquérir des connaissances nouvelles; vers quelque but que leur vocation les entraîne, sous leurs pas naissent des clartés encore inconnues; arts, lettres, sciences, industrie, tout ce qui fait la grandeur, la puissance et la richesse des nations, croit et fleurit à la lueur vivifiante de leurs hautes conceptions, et, grâce aux vérités dont la découverte signale leur passage sur la terre, l'humanité avance dans les voies de la science et du bien-être.

Où en serait l'humanité, si l'identité des intelligences l'eût privée des hommes dont le génie supérieur éclaire et presse sa marche vers de meilleures destinées? Les esprits ordinaires n'ont pas le don de l'invention; de tout temps, les masses n'ont fait que se mouvoir dans le cercle tracé par les traditions du passé, et il a toujours été difficile de vaincre leur répugnance pour des innovations dont leur faiblesse s'étonne. Mais la Providence a voulu que les lumières qu'il ne leur est pas donné d'enfanter n'en vinssent pas moins amender et étendre leurs labeurs. A partir de ces premiers inventeurs, à qui le monde ancien éleva des autels, jusqu'aux savants dont les recherches continuent à ajouter aux connaissances de notre âge, ont paru successivement des hommes d'élite, prédestinés aux conquêtes de l'intelligence, véritables Hercules de la pensée, dont les travaux écartent les ténèbres de l'ignorance, et ouvrent aux populations des champs où elles recueillent de plus riches et plus faciles moissons.

Autant la dissemblance des facultés individuelles, cette cause première et toute-puissante des inégalités qui s'établissent au sein des sociétés humaines, est indispensable aux progrès de l'esprit, autant la diversité des richesses l'est à la formation et à l'accumulation des capitaux. Les capitaux sont le fruit d'économies réalisées afin de servir à la reproduction ; et par cela même, il n'y a que ceux qui ont au delà du nécessaire qui puissent en amasser. C'est là ce qui exige impérieusement l'inégale répartition des richesses. S'il était un pays au monde où il fût possible de maintenir l'égalité des parts, un tel pays végéterait dans l'impuissance d'accroître ses ressources. Non seulement nul n'y serait assez à l'aise pour s'abstenir de consommer tout son revenu, mais nul aussi, faute de pouvoir mettre des épargnes à profit, ne songerait à en faire. L'inégalité, au contraire, permet et provoque continuellement la création des capitaux. Au pouvoir d'en mettre en réserve, les mieux pourvus en joignent le désir; ils savent quels avantages en produisent le placement et l'emploi, et des excédants qu'ils amassent, dans un but d'intérêt privé, se forme le fonds où l'industrie va puiser les moyens sans lesquels il lui serait interdit d'agrandir la sphère de ses œuvres, et de tirer le moindre parti des inventions et des découvertes dues à l'essor naturel du génie humain.

Si haut que l'on veuille remonter dans l'histoire de l'humanité, on voit que les capitaux ne s'y sont formés que par suite de différences marquées dans les parts que chacun réussissait à se faire. C'est parce qu'il existait, dans les plus misérables communautés, des hommes doués de plus d'habileté que les autres, que des travaux étrangers à ceux que l'alimentation nécessitait devinrent possibles.

Ces hommes parvenaient à se procurer des provisions dont a faim du moment n'exigeait pas la consommation immédiate, et ces provisions leur permettaient de consacrer leurs loisirs à se fabriquer
les objets dont l'usage leur était utile. Ce qui se
passait alors, c'est ce qui s'est passé depuis. A
toutes les époques qui suivirent, les épargnes des riches se sont converties en capitaux reproductifs, et
ont fourni à l'industrie les ressources dont elle
avait besoin pour prendre de nouveaux développements : plus l'essor des arts et de la production
accrut la richesse privée et publique, plus les capitaux s'amassèrent au sein des sociétés; et si nous
voyons maintenant s'achever avec une merveil-
leuse promptitude tant de travaux dont les siècles
passés eussent été incapables, c'est uniquement,
parce que, grâce aux progrès de l'aisance générale, le nombre des fortunes, à même de se prêter
à l'économie, s'est multiplié de telle sorte, que
les entreprises les plus colossales réunissent faci-
lement les immenses avances qu'en réclame l'exécution.

Ce n'eût pas été assez cependant de la diversité des aptitudes et des rétributions individuelles
pour assurer les progrès de l'humanité. Cette di-

versité ne faisait que conférer aux hommes la faculté d'acquérir des connaissances et des instruments de production ; elle ne suffisait pas pour les déterminer à en rassembler et à s'en servir activement ; il fallait qu'un autre fait vînt achever l'œuvre, et ce fait, non moins naturel, non moins nécessaire que les inégalités natives, c'est la constitution et le développement de la propriété.

La propriété n'est pas, comme on l'a parfois supposé, le résultat de conventions arbitraires et factices. Elle ne s'est pas fondée sur des considérations d'utilité publique ; car de telles considérations n'eussent pu naître que de l'expérience acquise de ces effets, et conséquemment de son existence même. La propriété est un de ces faits primitifs qui n'ont d'autre source que la nature même de l'homme, et sortent nécessairement des lois qui la constituent.

L'homme n'est pas, comme les animaux jetés sur la terre en même temps que lui, uniquement destiné à en consommer les fruits et à perpétuer son espèce. Être intelligent et libre, sa vocation est plus haute et plus digne. Il est appelé à unir sa propre activité à celle de la nature, à s'en approprier les créations, à leur imposer des formes

3.

et des qualités qui les adaptent à son usage, à conquérir, par le travail, des richesses dont l'extension progressive diminue ses misères et lui donne le bien-être. De là, pour lui, des droits et des devoirs. Son droit, c'est de se saisir des choses dont il a besoin ou sur lesquelles il peut agir; son devoir, c'est de reconnaître le même droit à ses semblables, et, par conséquent, de s'abstenir de mettre la main sur rien de ce dont il les voit saisis. Voilà le principe et la règle du droit de propriété. Évidemment, l'homme ne pourrait atteindre le but même de son existence, s'il n'occupait les choses que les facultés dont il est doué le destinent à multiplier ou à modifier; aussi la liberté de l'occupation ne cesse-t-elle pour lui que devant les choses déjà occupées : car celles-ci appartenant déjà à autrui, il ne pourrait s'en emparer sans attenter à des libertés pareilles à la sienne et qu'il est moralement tenu de respecter. Ainsi l'ont enseigné, de tout temps, les suggestions spontanées de la conscience et de la raison; et, de tout temps, ces suggestions ont été écoutées et obéies. Allez chez les tribus les plus incultes, chez les tribus qui, trop ignorantes encore pour savoir ajouter à l'utilité des dons naturels du sol, se bornent à rechercher ceux qui peuvent assouvir leur faim, vous y trouverez le droit de propriété en pleine vigueur. Là, tous sont en quête de leur proie; mais du moment où l'un d'entre eux a saisi la sienne, personne ne se croit autorisé à lui en disputer la possession. Quelque grossiers, quelque farouches que soient ses compagnons, ils sentent distinctement qu'il serait inique de le dépouiller d'un bien qu'il avait le droit de s'approprier, et dont la conquête, d'ailleurs, lui a coûté des peines et des fatigues qu'il se serait assurément épargnées s'il n'avait pas été certain d'en recueillir le prix.

Tout, dans les applications successives du droit de propriété, a suivi le mouvement progressif de l'intelligence et de l'activité humaines. A mesure que les sociétés apprirent à utiliser des choses dont elles n'avaient pas encore su discerner l'aptitude à contribuer à la satisfaction de leurs besoins, ces choses donnèrent lieu à de nouveaux actes d'appropriation privée, et le nombre de celles qui, l'une après l'autre, en devinrent l'objet augmenta de plus en plus. Rien de ce qui subissait des transformations dues au travail n'en demeura exempt; et le droit de propriété s'étendit, de proche en proche, du fruit cueilli sur l'arbre qui le portait aux matériaux mis en œuvre et convertis en produits industriels, puis aux constructions et au sol qu'elles occupaient, ainsi qu'aux animaux mis en domesticité, et enfin à la terre, aussitôt que l'art d'en tirer des moissons fut connu et pratiqué. Arrivèrent des temps où les législateurs intervinrent en matière de propriété; mais les législateurs n'inventèrent pas un fait auquel la constitution même de l'esprit humain avait donné naissance; tout ce qu'ils firent, ce fut de le régler, de le sanctionner, et de lui assurer l'appui de la puissance publique.

Quelques écrivains ont contesté la légitimité du droit de propriété, principalement en ce qui concerne son application à la terre. C'est Dieu même, disent-ils, qui a donné la terre à tous; elle forme un patrimoine commun à la race humaine tout entière, et nul n'a pu s'en approprier la moindre parcelle sans ravir au reste de ses semblables ce qui leur appartenait au même titre qu'à lui. De nos jours, cette doctrine a encore des sectateurs; seulement, quelques-uns de ceux qui l'acceptent en atténuent et en modifient le sens. A leur avis, des nécessités de l'ordre économique ont pu autoriser l'appropriation privée, mais sous la réserve essentielle que le droit incommutable et primitif de tous subsisterait, et que les détenteurs des diverses portions de la propriété générale de l'espèce demeureraient redevables de la valeur primitive de ce qu'ils possèdent et ne cesseraient jamais de pouvoir être tenus d'en compter. Ces systèmes, dont beaucoup d'autres ne sont que des rejetons qui s'écartent plus ou moins de la souche originaire, partent également de la négation du droit de propriété, et voilà pourquoi tous, en définitive, viennent aboutir à un communisme tantôt absolu, tantôt mitigé ou partiel. Le bruit qu'ils ont fait depuis quelque temps, l'attention dont ils ont été l'objet, nécessitent un moment d'examen.

Nier que la propriété soit de droit naturel, ce n'est pas seulement dénier aux hommes l'usage même de facultés qui ne leur ont été données que pour être exercées, c'est leur refuser jusqu'au pouvoir qui fait la distinction de leur nature, le pouvoir de s'élever au-dessus de l'existence animale. Les animaux ne connaissent pas le droit de propriété, parce que la sagesse divine ne les a pas appelés à modifier par leurs propres œuvres la condition dans laquelle ils naissent. Simples con-sommateurs de choses qu'ils ne concourent pas à produire, leur vie se passe à les chercher et à se les disputer, et, dans la plupart des espèces, les plus forts n'hésitent pas même à enlever aux faibles la proie dont ceux-ci viennent de s'emparer. Ainsi aurait vécu la race humaine, si la raison dont elle est douée ne lui eût imposé l'obligation de respecter le droit d'autrui sur les choses occupées. Chacun aurait, sans scrupule, arraché à son voisin ce dont il l'aurait vu nanti; la force aveugle et brutale aurait été la loi suprème, et le monde n'eût offert qu'une arène sanglante où les hommes, incapables d'autres soins que de celui de dévorer les produits bruts de la terre, n'auraient cessé de lutter et de s'entre-détruire. Non seulement le droit de propriété privée était indispensable à la réalisation de leurs destinées, mais, chose remarquable, il est tellement inhérent et conforme à la nature humaine, que les communistes les plus décidés n'ont pas pu, dans leur révolte contre le bon sens et la morale universelle, imaginer un état social où il n'eut place. Tous, disent-ils, ont droit de puiser au fonds commun les produits dont ils ont besoin: c'est bien; mais ce droit n'en entraîne-t-il pas nécessairement un autre? celui de disposer des produits durant tout le temps qu'en réclament l'usage et la consommation. Or, ce point admis, et les communistes sont contraints de l'admettre, la question de la propriété est résolue. Du droit d'usage résulte le droit de posséder tant que l'usage subsiste; et de là on est nécessairement conduit à conclure en faveur du droit d'occupation continue des choses dont l'usage est continu. Que les communistes y songent; il n'y a pas de moyen terme en matière de propriété. Ou il faut refuser aux hommes le droit de toucher à rien de ce que porte le sol, puisque nul ne saurait rien prendre pour son usage personnel sans en priver ses semblables, ou il faut se résigner à voir sortir du droit d'usage des actes de propriété durables et légitimement durables. C'est à eux de choisir.

Quant au système mixte qui sépare la propriété en deux parts, l'une créée par le travail des hommes et acquise à bon titre par ceux qui la possèdent, l'autre consistant dans une fraction du capital naturel et primitif, distraite de la propriété générale de tous et toujours sujette à retour au profit de l'espèce humaine, dont elle forme le patrimoine originaire et incessible, il n'en est pas qui soutienne moins l'épreuve du raisonnement. C'est déjà chose étrange et neuve que de faire sortir d'une source

illégitime un droit légitime ; mais passerait-on sur
la difficulté, qu'il resterait à constater en quoi
consistait la valeur des portions du capital primitif
dont les premiers propriétaires se sont emparés,
et là commenceraient de singuliers mécomptes.
En effet, les choses appropriées n'ont pris de valeur que grâce au travail qui s'y est incorporé,
et au moment même de l'occupation première,
elles n'en avaient aucune. En veut-on la preuve ?
Les Indiens d'Amérique, bien qu'ils ne vécussent
pas uniquement de chasse et semassent un peu
de maïs, cédaient aux Européens des territoires
considérables à un prix qui n'excédait pas quelques centimes par hectare et s'étonnaient même
qu'on leur achetât aussi cher des espaces qu'ils
ne prisaient qu'à raison du peu de gibier qu'on
pouvait y tuer. Maintenant encore, la plupart des
gouvernements de cette partie du monde aban-
donnent gratuitement des terres à quiconque
s'engage à en cultiver une portion et croient faire
un bon marché. Ainsi ont fait longtemps les Russes
dans l'espoir de peupler la Sibérie méridionale,
et il est des États qui n'ont pas même balancé à
joindre le don d'avances pécuniaires à celui de
champs dont la mise en rapport ne pouvait en

aucun cas s'effectuer sans dépenses notables. La terre, c'était le désert avant que la main de l'homme la fécondât; à peine des contrées, où vivent maintenant dans l'abondance des millions d'habitants industrieux, offraient-elles à quelques centaines de familles sauvages de quoi ne pas mourir de faim: tout ce qui s'est ajouté aux ressources que ces contrées présentaient à leurs premiers habitants est le fruit d'une longue suite de labeurs, et l'addition a été telle, que la valeur primitive ne figure plus que pour un chiffre imperceptible dans la somme totale des valeurs dont se composent aujourd'hui les propriétés privées.

Et puis s'il était vrai que ce qu'on appelle le capital primitif n'ait été donné à l'espèce humaine que sous la réserve qu'elle en jouirait en commun, ou conserverait un droit de retrait au nom duquel elle resterait éternellement libre, soit de rentrer dans son bien, soit d'imposer à ceux qui en jouissent des redevances proportionnées au tort qu'ils seraient supposés lui avoir causé en devenant propriétaires partiels, ce n'est pas seulement avec les possesseurs du sol qu'il y a un compte à régler, c'est avec tous ceux qui possèdent sous quelque forme que ce soit; car il n'est pas une seule des choses appropriées qui n'ait commencé par appartenir au capital primitif, et qui n'en ait été retirée au profit particulier des personnes. C'est de pierres formées et amassées d'elles-mêmes dans les flancs de la terre que sont bâties les maisons où les hommes trouvent un abri contre les intempéries des saisons; c'est de souches sauvages, dont personne ne pouvait s'emparer sans en priver le reste des populations, que descendent les animaux domestiques : meubles, vêtements, outils, il n'est rien, pas même la truelle du maçon ou l'aiguille du tailleur, qui ne recèle des matières premières dérobées au patrimoine universel, et tout doit être tenu d'acquitter des indemnités proportionnées à la valeur originaire : on conviendra que le compte ne laisserait pas d'avoir ses difficultés.

Ce n'est pas tout : si les individus et les familles ont usurpé ce qui appartenait à 'universalité des hommes, les nations en ont fait autant, et en bonne justice, sur toutes pèse l'obligation d'entrer en liquidation et d'apurer les différences dont elles peuvent être passibles à raison de l'inégalité des parts du capital primitif dont elles se trouvent en possession. Maintenant quelle serait la mesure des créances et des dettes respectives? Évidemment,

il n'y en a qu'une seule : c'est la quantité comparée
des territoires et des populations. Or, il importe
d'y faire attention : comme les nations les plus arriérées sont celles qui, pour un même nombre de
têtes, occupent le plus de terrain et conséquemment détiennent la plus forte part de la propriété
générale de l'espèce, c'est évidemment à elles à
payer tribut au reste de l'humanité. Nous ne sa-
vons pas comment on s'y prendra pour réclamer
des sauvages de la Patagonie ou de la Nouvelle-
Guinée les sommes dont ils se trouveront redevables
envers l'Europe, l'Inde, le Japon ou la Chine, et
moins encore comment on leur rendra possible de
les recueillir sur un sol dont ils ont eu jusqu'ici
tant de peine à tirer le peu de subsistance que
réclame leur misère.

Telles sont les conséquences folles qu'entraîne
inévitablement la négation du droit naturel de
propriété. S'il est vrai que les résultats à attendre
de la réalisation des conceptions de l'intelligence
soient la pierre de touche de la mesure de vérité
qu'elles contiennent, il est facile de juger ce que
valent celles que nous venons d'examiner.

Ce qui trompe les sectateurs des diverses sortes
de communisme, c'est qu'ils ne se rendent pas

compte de la marche de l'humanité, et supposent qu'elle a vécu de tout temps au milieu des richesses dont elle jouit maintenant et qui ne sont cependant que le fruit péniblement acquis des labeurs continus de toutes les générations qui, tour à tour, ont passé sur le globe. A l'aspect de la valeur actuelle du sol, ils imaginent qu'il existait dès l'origine quelque chose de cette valeur, et que les auteurs de ceux qui ne possèdent pas aujourd'hui en ont été dépouillés. L'erreur est grande : le sol n'est qu'un instrument de travail, et, avant que la culture vînt le mettre en œuvre, il n'avait pas aux yeux de ses habitants plus de prix que les plantes, les animaux, les pierres qu'il portait, et dont ils reconnaissaient à chacun le droit d'user à son gré. Il faut se le rappeler : autour des moindres tribus existaient des déserts immenses, et ce qu'une famille pouvait occuper pour l'ensemencer ne formait qu'un point imperceptible dans l'espace. Comment, dès lors, la communauté aurait-elle été fondée à empêcher ses membres d'utiliser, en se les réservant exclusivement, des terrains dont elle ne tirait aucun avantage ? N'eût-ce pas été priver du droit d'ajouter à leur bien-être par des actes dont l'accomplissement ne retranchait rien à celui de personne? Le bon sens et l'équité naturelle suffisaient pour interdire pareille injustice, et l'appropriation du sol s'effectua sans obstacle. Il y eut plus : l'ordre dans lequel se produisent les faits sociaux est tracé d'avance, et, au moment même où ils surviennent, ceux qui sont conformes à l'intérêt de tous rencontrent infailliblement dans les circonstances de l'époque l'appui nécessaire à leur établissement. Non seulement les populations laissèrent chacun mettre librement en culture et s'approprier les terres dont il avait besoin, mais de tels actes rencontrèrent la faveur la plus marquée. La raison en est facile à comprendre. Les peuplades qui vivent des fruits de la chasse ne parviennent à subsister qu'en épuisant du peu de ressources qu'ils leur offrent des territoires de la plus vaste étendue; ce sont des lieues carrées qu'il faut pour approvisionner une seule famille. Or, quiconque alors s'attache au sol et en défriche une portion, afin d'en tirer des récoltes qui le nourrissent, rend en réalité à la communauté infiniment plus qu'il ne lui ôte. Telle est l'opinion des Indiens de l'Amérique du Nord : « Nous aimons, disent-ils, qu'il y en ait parmi nous qui plantent et cultivent; ils cessent de tuer tant de gibier, et il nous en reste davantage (1). »

Quant à l'espèce de sanction que tout droit de propriété reçoit des peines du travail, il est encore à remarquer qu'aucun droit ne l'obtint à meilleur titre que celui qui s'attacha à la terre. Aujourd'hui encore, malgré les progrès de l'art, malgré la puissance des instruments dont l'homme

(1) On sait avec quelle jalousie les tribus de l'Amérique surveillent les incursions de chasse que leurs voisins tentent quelquefois sur le territoire qu'elles occupent. Elles mutilent ou tuent tout étranger qu'elles y surprennent à la poursuite du gibier. En revanche, ces mêmes tribus protègent la culture à ce point qu'elles autorisent les familles appartenant aux races avec lesquelles elles ne sont point en guerre à venir fonder chez elles des exploitations agricoles. Le révérend Heckewelder raconte, à ce sujet, une anecdote fort caractéristique. Les Indiens Chippeways avaient laissé des Lénapes sans asile s'établir chez eux, à condition qu'ils se borneraient à cultiver les terres qu'on leur abandonnait. Malheureusement, ceux-ci aimaient la chasse, et tuaient du gibier. Les Chippeways l'apprirent, et firent des remontrances. Les Lénapes en tinrent peu de compte; ils retombèrent dans la même faute, et leurs hôtes finirent par les expulser. (*Histoire des nations indiennes*, chap. 20.)

Il est à remarquer que, chez la plupart des peuples

s'est armé, c'est une opération longue et pénible qu'un défrichement. Tels sont les sacrifices qu'elle impose, qu'ils égalent, dans beaucoup de cas, ceux qu'exige l'achat de terres de même qualité depuis longtemps en labour. Que l'on juge par là de l'étendue des efforts auxquels durent se résigner ceux qui, les premiers, se vouèrent aux soins

qui vivent de chasse ou du produit des troupeaux, ce sont les femmes, qui, trop faibles pour exercer les mêmes professions que les hommes, se vouent d'abord à la culture et font les premiers actes de propriété territoriale. Ainsi se passent les choses parmi les tribus de l'Amérique, chez les Caffres et une foule d'autres populations. Loin de troubler les femmes dans la jouissance des terres dont elles s'emparent, les hommes les encouragent au travail, et les comblent d'éloges quand la récolte est bonne.

Ces faits montrent à quel point s'écartent de la vérité historique les écrivains qui supposent que la propriété territoriale ne s'est fondée que sur la violence et l'usurpation. Jamais, au contraire, les tribus sauvages ne refusent des terres à ceux qui se proposent de les faire produire. Outre qu'elles se croient tenues de respecter le droit d'appropriation privée, elles savent bien que le travail agricole n'est pas seulement utile à ceux qui s'y vouent, mais aussi au reste de la population, dont il augmente les ressources générales.

de l'agriculture. C'était avec des outils imparfaits et mal adaptés au but qu'il leur fallait extirper des plantes parasites, abattre et détruire des arbres, ouvrir, remuer, ameublir les couches arables, et quand ils arrivaient au terme de la besogne, ils avaient largement payé le champ sur lequel avaient coulé leurs sueurs.

La propriété ne s'éteignit pas aux mains de ceux qui avaient su s'en saisir. Elle prit immédiatement le caractère patrimonial, et se transmit par voie d'héritage. Ici, encore, tout fut l'effet de ces sentiments naturels d'équité dont l'empire n'attend pas, pour se manifester, les décisions du législateur. L'homme n'est pas un être isolé : il naît, vit et meurt en famille ; ce n'est pas pour lui seul qu'il travaille, c'est aussi pour les êtres dont l'existence se lie à la sienne, et d'ordinaire, même, c'est le droit d'assurer ou d'étendre leur bien-être qui forme le principal mobile de ses efforts, et le détermine aux sacrifices que réclame la formation de la propriété. D'un autre côté, les familles constituent de petites communautés dont les membres non seulement ont part aux fruits des labeurs paternels, mais concourent tous à les augmenter dans la mesure de leurs forces. Les fils suivent leur père aux champs qu'il cultive ils labourent, sèment et moissonnent avec lui; ils le remplacent, quand le poids des années vient le contraindre au repos, et il est rare que leurs œuvres n'aient contribué à améliorer ou à agrandir la fortune paternelle. Telles sont les circonstances qui leur assurent le droit d'en hériter. Les richesses auxquelles ils succèdent ont été conservées, acquises, au moins en partie, dans leur intérêt, parfois même uniquement parce qu'elles devaient leur échoir; ils leur ont consacré leurs soins; ils ont joui des avantages qu'elles produisent; il y avait pour eux possession commencée, et cette possession continue, et parce qu'il n'existe aucun droit à opposer à ceux que le passé leur a conférés, et parce qu'elle ne pourrait cesser sans qu'il y ait à leur égard une spoliation manifeste et déclarée.

Il est d'ailleurs un droit inhérent à la propriété, qui seul aurait suffi pour la rendre héréditaire : c'est le droit de disposer. Posséder, qu'est-ce? sinon être libre d'user à son gré de la chose acquise, être libre de la donner, de l'aliéner, de la transmettre. Supposez un pays où l'on voulût que la propriété ne fût que personnelle et viagère, eh bien! ce qui arriverait est simple. Les pères auraient soin de céder, de leur vivant, leurs biens à leurs enfants; et les lois, à moins d'anéantir la propriété elle-même, ne sauraient les en empêcher. On ne se joue pas impunément des sentiments et des affections que Dieu même a mis au cœur des hommes, afin de contenir les écarts auxquels le don même de la liberté les expose. Toute loi qui les méconnaît, ou tente d'en triompher, succombe bientôt sous l'effort d'une puissance supérieure à celle qui a été accordée aux prescriptions des législateurs.

Le juste et l'utile dérivent de la même source, et plus les faits sociaux sont conformes à l'équité, plus leur existence sert les intérêts de l'humanité. Que l'on juge la valeur du droit de propriété d'après cette règle éternelle, et cette valeur sera bientôt reconnue; car il est évident que, sans ce droit, les sociétés n'auraient pu non seulement améliorer leurs destinées, mais même se former et durer.

En effet, tout, dans les progrès de l'humanité, dépend des progrès du travail, et le travail ne devient plus puissant et plus fécond qu'en vertu de l'énergie des motifs qui déterminent les hom-

mes à ne rien négliger pour rendre leurs efforts
plus productifs. C'est là ce qui fait une indispensable nécessité du droit d'acquérir et de posséder. Des hommes à qui manquerait l'espoir de
jouir en paix des fruits de leurs œuvres se borneraient à vivre au jour le jour. sans autre souci
que celui d'apaiser la faim du moment. Des hommes qui savent qu'ils disposeront librement des
produits de leurs labeurs, qu'ils pourront les
garder et les amasser sans obstacle, usent au contraire hardiment de leurs facultés industrielles.
Le désir du bien-être stimule à la fois leur esprit
et leurs forces : ils s'attachent à découvrir les
moyens d'agir plus efficacement sur les objets
matériels, ils recueillent des connaissances, ils
amassent des épargnes, ils accumulent des capitaux; et, grâce aux peines que chacun prend
pour agrandir sa propre part de bien-être, les
sociétés tout entières s'éclairent, s'enrichissent,
et avancent d'un pas ferme et sûr dans les voies
de la civilisation.

Ce fut surtout un véhicule d'une puissance déci-
sive que l'existence du droit de succession. Ce droit
assigna à l'activité personnelle un but dont l'éléva-
tion morale en soutint et en provoqua constam-

ment l'essor. Tel qui, s'il eût été isolé en ce monde, se serait contenté de peu, ne mit aucune borne à des désirs de fortune dont le succès devait être profitable aux objets de son affection. Nul sacrifice ne lui coûta pour procurer à ses enfants un avenir favorable. Au lieu de consommer la totalité de ses gains ou de ses revenus, il en mit une portion en réserve dans leur intérêt. Quelque tardive que dût être la moisson, n'eût-il pas même l'espérance de la recueillir de ses propres mains, il n'hésita pas à subvenir aux dépenses qu'elle réclamait; il planta, construisit, défricha, et les travaux ainsi que les épargnes auxquels la tendresse paternelle donna naissance furent ceux dont la réalisation contribua le plus efficacement au développement des forces et de la prospérité sociales.

A ces effets nécessaires, indispensables, de l'existence naturelle du droit de succession, s'en joignit un autre moins distinct au premier aspect, mais qui n'en eut pas moins une haute et heureuse influence sur la marche de la civilisation. Cet effet, c'est l'ordre qui prévalut dans la distribution des fortunes. Cet ordre était le seul qui pût imprimer aux arts, aux sciences, aux efforts de l'industrie, le prompt et facile essor qui en rendit les fruits d'une abondance constamment progressive.

Longtemps, tout avait été mobile et incertain dans la situation relative des individus et des familles. La richesse ne consistait qu'en un petit nombre d'objets mobiliers dont la transmission ajoutait peu aux avantages que pouvaient avoir acquis déjà ceux qui en héritaient, et les qualités individuelles décidaient à peu près seules du degré de bien-être réservé à chacun. L'extension graduelle du droit de propriété, effet naturel des développements du travail, apporta un peu plus de stabilité dans les existences sociales, et du jour où l'exercice de l'agriculture en amena l'application à la terre, il se forma des familles aux mains desquelles les successions échues perpétuèrent l'opulence. De là un changement considérable, et qui, s'il ne fut pas exempt de tout inconvénient, n'en devint pas moins une cause active et permanente de progrès éminemment profitable à tous.

En effet, avant l'époque où commença l'appropriation successive des terres, les populations n'avaient lutté qu'avec peu de succès contre les misères et les souffrances auxquelles elles étaient en butte. Ce qui leur avait manqué pour en éviter les atteintes, c'étaient des centres où les éléments

et les agents de la puissance industrielle assemblés, vivifiés, fécondés par leur rapprochement même, pussent éclore et multiplier avec plus
d'abondance et de rapidité. L'existence des familles
en possession continue des avantages de la richesse
vint satisfaire à ce besoin. Ces familles, à mesure
qu'elles augmentèrent en nombre et tinrent plus
de place sur le sol, devinrent pour la masse des
populations ce que les capitales sont pour les États,
ce que les villes sont pour les campagnes, de véritables foyers de vie, de mouvement, d'instruction.
C'est dans leurs rangs que s'élaborèrent et s'amassèrent les lumières et les forces dont la civilisation
a besoin pour étendre ses conquêtes bienfaisantes;
c'est de là qu'elles refluèrent sur tous les points du
terrain social, et allèrent y éclairer et animer toutes
les applications de l'activité humaine.

C'est que l'aisance non seulement facilite la culture de l'esprit, cette source première de toutes les
améliorations qui se réalisent successivement dans
le sort des peuples, mais la fait rechercher ardemment. Tout manque à ceux sur qui pèsent les rudes
préoccupations du besoin pour que la haute instruction devienne leur partage : ils n'ont ni les
loisirs nombreux, ni les ressources qui seules

permettent de l'acquérir, mais, de plus, la nature
de leurs occupations ne leur en fait pas sentir l'a-
vantage. Les riches, au contraire, réunissent toutes
les conditions qui la rendent possible et désirable.
Les études les plus longues ne leur imposent que
des sacrifices de temps et d'argent qui pour eux.
n'ont rien de trop onéreux; la grandeur de leurs
affaires nécessite des connaissances sérieuses, et
l'opulence dont ils jouissent, en élevant et en raf-
finant leurs goùts, les conduit à attacher un
très grand prix aux distinctions de l'intelligence.

Aussi, de tout temps; l'initiation aux plus hautes
connaissances de l'époque a-t-elle formé le lot à
peu près exclusif des classes en possession de l'aisance. Elles en comprenaient trop bien l'utilité
pour ne pas assurer à leurs enfants les bienfaits
d'une éducation systématique, et les lumières dont
elles les dotèrent avec soin, non seulement ajou-
tèrent à la puissance naturelle de leurs facultés
intellectuelles, mais les appelèrent à en chercher
sans cesse de nouvelles. C'est là ce qui fit des classes
à l'abri du besoin, l'instrument de ces conquètes
de l'esprit à l'extension desquelles tenaient les
progrès de l'humanité. Arts, lettres, sciences,
tout ce qui nourrit, éclaire, agrandit la pensée,

trouva dans leur sein de constants motifs de développement, et à peine pourrait-on citer une acquisition, une découverte de l'intelligence qui n'en soit sortie ou ne soit venue y chercher un appui sans lequel elle n'aurait pu se faire jour et fructifier.

Il suffirait que les classes aisées soient spécialement appelées à hâter la marche des connaissances humaines pour que leur existence doive être considérée comme une nécessité sociale de l'ordre le plus élevé. Telle n'est pas cependant l'unique tâche que leur défèrent les particularités de leur situation. C'est à elles qu'appartiennent encore et le soin d'accumuler les fortes épargnes, et celui d'imprimer aux arts industriels la plus vive et la plus constante impulsion.

Le travail, en effet, ne croît en habileté et en puissance que grâce aux inventions nouvelles qui viennent en améliorer les procédés. Aussi est-il nécessaire que, parmi les produits qu'il fournit, il s'en trouve un certain nombre dont la distinction et l'excellence commandent constamment, à ceux qui les façonnent, des efforts soutenus d'adresse et d'imagination. Ces sortes de produits sont ceux dont la demande imprime aux diverses industries l'élan le plus vif; et des difficultés mêmes qu'en présente la confection sortent en foule des découvertes qui ne manquent pas de trouver des applications hors du cercle même des labeurs qui les ont provoquées. C'est en bâtissant des palais que les architectes ont appris à construire à peu de frais des demeures plus humbles; c'est en cherchant à satisfaire le goût des grands pour les belles armes que les forgerons de l'Orient arrivèrent à saisir le secret de convertir le fer en acier. De même, c'est la fabrication des étoffes de luxe qui a conduit à tisser à bon marché les draps de laine et les toiles dont l'usage est maintenant commun à tous. On citerait mille exemples de faits semblables, et tous attesteraient combien il importe qu'il y ait au sein des sociétés des consommateurs que des goûts élégants et raffinés portent à aiguillonner sans cesse les recherches et les perfectionnements du travail· Or, ces consommateurs sont les riches. Les objets qu'ils préfèrent sont ceux où l'art déploie toutes ses ressources; le prix qu'ils y mettent, le désir de la nouveauté qui les anime, engagent les producteurs les plus ingénieux à multiplier les essais dont le succès peut accroître la bonté et la valeur de leurs œuvres; et de là une cause active de progrès

5.

industriels qui, à mesure qu'ils s'accomplissent, tournent au profit des labeurs de toutes les sortes, même de ceux qui sont uniquement destinés à satisfaire aux besoins du pauvre.

L'influence des consommations des riches sur les relations commerciales n'a pas été moins utile et moins nécessaire. Longtemps les peuples n'eurent entre eux que des communications rares et difficiles : la navigation était dans l'enfance; les caravanes cheminaient lentement au milieu de périls redoutables, et les articles qui, sous peu de volume et de poids, recélaient beaucoup de valeurs étaient les seuls qui pussent supporter l'énormité des frais de transport. Or, ces articles, les masses étaient trop indigentes pour les acheter, et nul trafic ne se serait établi, s'il n'y avait eu quelques familles assez opulentes pour les payer. L'encens et la myrrhe, l'or et l'ivoire, les épices, les perles, les tissus de pourpre et de lin, voilà de quels objets se composaient les premières cargaisons que les vaisseaux de la Phénicie allaient débiter aux chefs des peuplades incultes qui habitaient les rivages de la Méditerranée. Au moyen âge aussi, les marchands de l'Italie n'envoyaient aux nations de l'Europe occidentale que des marchandises de luxe, dont la vente ne s'opérait qu'aux portes des abbayes ou des manoirs seigneuriaux. De nos jours encore, parmi les marchandises que reçoivent les contrées arriérées du Nord, à peine en compte-t-on quelques-unes qui aient place dans les consommations de la multitude. A l'exception d'un peu de thé, le paysan russe ne fait usage que de choses produites sur les lieux mêmes où il vit; les vêtements qui le couvrent, la chaumière qui l'abrite, les meubles qu'elle renferme, tout cela est l'ouvrage de ses mains, et s'il n'y avait que lui pour acquérir ce qui vient du dehors, pas un navire étranger n'entrerait chargé dans les ports de son pays.

Ces considérations suffisent pour montrer à quelles nécessités pourvut la distribution des richesses qui résulta des transmissions héréditaires. Lumières et capitaux, industrie et commerce, toutes les sources du bien-être social s'élargirent à la faveur des goûts, des habitudes, des penchants que l'opulence répandit au sein des classes qui en jouissaient. A les considérer sous leur véritable jour, ces classes ont été appelées à ouvrir, à frayer, au profit de tous, les routes de la civilisation; elles furent comme des laboratoires, comme des ateliers où se forgeaient et s'amassaient les armes sans lesquelles la race humaine ne réussirait pas à dompter les résistances de la nature et en arracher des tributs d'une abondance de plus en plus marquée.

Sans doute, ces classes n'eurent pas la conscience bien distincte de la mission qui leur était assignée, et ce fut, en quelque sorte, à leur insu qu'elles la remplirent. Mais cette mission ne s'en accomplit pas moins dans la mesure propre à chaque phase de la civilisation, et rien n'annonce qu'elle doive jamais ni cesser d'être nécessaire, ni cesser d'avoir son cours. Voyez les sociétés modernes! Vainement se sont-elles élevées à un degré de savoir et de puissance industrielle dont n'approchèrent jamais les plus illustres nations de l'antiquité; vainement ont-elles hérité des conquêtes successives des nombreuses générations qui les ont devancées sur la terre, elles ne sauraient faire en avant un pas de plus si des découvertes nouvelles ne venaient le leur permettre; et tout s'arrêterait, tout dépérirait dans leur sein, si l'œuvre dont les classes investies des avantages attachés à la supériorité des richesses ont été chargées jusqu'ici, subissait une interruption. Ce n'est pas que l'instruction ne commence à pénétrer dans les rangs où elle était inconnue et ne puisse y occuper plus de place encore; mais les sciences ne sont pas stationnaires, et il est impossible que leur niveau s'élève sans qu'il devienne plus onéreux et plus difficile de se les rendre familières. De nos jours, il faut de longues et pénibles études pour en apprendre complètement une seule, et nul ne saurait contribuer à l'essor de celles qu'il cultive qu'à la condition de leur dévouer tout entière une vie exempte des soins imposés par le manque de ressources pécuniaires. D'un autre côté, il en est qui ne peuvent réaliser les découvertes qu'elles poursuivent qu'au moyen d'expériences coûteuses, de voyages lointains, de sacrifices auxquels ne revient d'autre récompense qu'un peu de renommée et d'illustration personnelle. C'est là ce qui autorise à affirmer que, dans l'avenir, le pouvoir d'ajouter aux connaissances humaines demeurera, comme il a été dans le passé, le privilège de ceux dont l'aisance est le partage.

On le voit : l'inégalité des richesses n'est ni un accident dans la vie des sociétés, ni l'effet d'une rigueur providentielle dont nous ayons droit de nous plaindre ou de nous irriter. Loin de là :

c'est une nécessité qui n'a été imposée à l'humanité que dans son propre intérêt; c'est le moyen
dont le Créateur s'est servi pour la mettre à même
d'user des hautes facultés qu'elle en a reçues, et
de croître graduellement en intelligence, en bien-
être et en dignité.

Que l'on aille au fond des choses, on verra qu'il
n'y avait pour les créatures qui peuplent ce monde
que deux modes possibles d'existence : l'un, celui
des animaux, qui, incapables de modifier leur condition originaire, ne passent sur la terre que pour
en consommer les produits et y végéter dans le
cercle étroit d'une activité invariable et bornée;
l'autre, celui d'une race supérieure, qui, libre, in-
telligente et responsable, pût associer ses forces à
celles de la nature, en transformer et en multiplier les créations, s'en faire des instruments de
labeur et de domination, et recueillir, dans un
bien-être progressif, le juste salaire de ses efforts
et de ses conquêtes. C'est le dernier mode d'existence que la diversité des aptitudes, des conditions
et des fortunes, a permis, et seule pouvait permettre à l'espèce humaine.

Il est à remarquer, au reste, que les inégalités
ne se sont pas toujours produites de manière à

remplir complètement leur véritable destination. Il aurait fallu, pour qu'elles ne cessassent jamais d'opérer à l'avantage de tous et de stimuler, dans la mesure nécessaire, les efforts de l'intelligence et de l'activité humaines, que la liberté, en matière de travail et d'appropriation, demeurât à l'abri de toute atteinte, et qu'il n'y eût dans les situations sociales d'autres causes de disparité que la différence des succès de chacun dans l'emploi de ses facultés et de ses ressources. Mais il n'en a pas été ainsi. Si la Providence n'a pas voulu que les hommes pussent frapper de stérilité les lois qui président à l'accomplissement de leurs destinées, elle les a laissés libres d'en méconnaître la portée bienfaisante, d'en outrer et d'en vicier les résultats. Aussi des institutions iniques et compressives sont-elles venues apporter de nombreuses restrictions au droit qu'il aurait fallu respecter également chez tous, de tirer tout le parti possible de leurs moyens de fortune, et plus ces restrictions ont été multipliées, moins il a été facile aux sociétés d'avancer vers le but marqué à leurs efforts, plus ont duré les souffrances et les misères dont elles avaient à écarter les atteintes.

C'est durant l'enfance des sociétés surtout que

de nombreux outrages ont été faits aux droits que les hommes tiennent et de la dignité de leur nature et des fins mêmes de leur existence. Alors, des législateurs ignorants, se méprenant sur les véritables conditions du bien-être social, n'hésitèrent pas à empiéter largement sur le domaine des lois naturelles. Au lieu de laisser au libre concours des efforts individuels le soin de déterminer l'ordre des situations et des fortunes, ils s'attachèrent à le fixer sous des formes invariables. La propriété du sol fut dévolue à des castes privilégiées; l'exercice des professions et des métiers fut réservé à quelques autres portions de la population, et des servitudes diverses formèrent le lot du plus grand nombre. Des sociétés sur lesquelles pesaient tant de chaînes ne tardèrent pas à s'arrêter dans leur marche. La richesse appartenait à des classes qui n'avaient qu'à en jouir; au-dessous de ces classes n'existaient que des multitudes astreintes à des travaux privés à la fois de liberté et des rémunérations qui en stimulent l'essor; nul n'avait intérêt à agrandir, à perfectionner les œuvres dont il était chargé, et une industrie dont la pratique ne pouvait améliorer le sort de ceux qui l'exerçaient, finit par s'immobiliser.

Ce n'est pas que, parmi les États de l'antiquité, il n'en ait existé où affluèrent momentanément des richesses fort considérables; mais ces richesses, enlevées à des ennemis vaincus, et concentrées aux mains d'une poignée de chefs victorieux, étaient de trop mauvaise origine pour pouvoir se transformer en capitaux reproductifs. Tout ce qu'elles firent, ce fut de donner à ceux à qui elles permettaient une oisiveté somptueuse, le goût des plaisirs de l'esprit, et par là d'assurer aux arts et aux belles-lettres un mouvement plein d'éclat; mais ni le travail ni les sciences dont les découvertes le vivifient n'en reçurent qu'une impulsion faible et passagère. Des masses, tenues dans l'esclavage, ne se prêtaient qu'avec répugnance à des efforts arrachés par la crainte du châtiment; il était trop difficile de les amener à concourir au succès des innovations les plus désirables pour que les maîtres s'appliquassent à rechercher de meilleurs moyens de production; et des populations dont les ressources ne s'augmentaient pas, végétèrent au milieu des souffrances que leur disposition naturelle à croître en nombre tendait sans cesse à aggraver.

A partir du moyen âge, l'industrie redevint progressive, et son développement ne s'arrêta plus. Alors, l'esclavage personnel avait enfin cessé, et il n'était plus impossible aux hommes heureusement doués de s'élever au-dessus de leur condition native. Si la propriété territoriale était, en grande partie, aux mains de classes à qui des lois injustes réservaient exclusivement ce qu'elles en possédaient; si la plupart des professions n'étaient accessibles que sous le bon plaisir de corporations jalouses de leurs privilèges; chacun, du moins, pouvait, dans l'enceinte où se confinait son activité, en tirer des profits croissants; et comme les rétributions dépendaient de la valeur même des efforts, les plus habiles et les plus économes amassaient sans trop de peine des épargnes, dont le bon emploi les conduisait à l'aisance. C'est là ce qui rendit à l'industrie la vie et le mouvement. Des hommes, libres d'agrandir la place qui leur était échue dans la société, tâchèrent d'y réussir; leurs labeurs furent énergiques et persistants; ils ne laissèrent échapper aucune occasion d'en perfectionner l'application; les obstacles que des institutions vicieuses opposaient aux conquêtes du travail furent surmontés, et, de siècle en siècle, des richesses nouvelles vinrent ajouter au bien-être déjà obtenu.

Ce n'est que peu à peu que les gènes qui pesaient sur le travail et la circulation des biens ont disparu dans les États les plus avancés de l'Europe; la France est le seul de ces États qui les ait supprimées tout d'un coup ou du moins n'en ait laissé subsister que de faibles restes; mais ce qui est constant, c'est que partout l'industrie et la richesse ont marché d'autant plus vite que la liberté de produire et d'acheter a été plus étendue. Jamais la France, par exemple, n'a porté dans l'exercice de ses diverses industries autant de savoir et d'activité que depuis un demi-siècle. Il n'en est pas une branche qui ne se soit développée avec une promptitude auparavant inconnue. Agriculture, arts manufacturiers, commerce, tout a fleuri sur un sol où chacun avait droit de choisir les voies par lesquelles il voulait cheminer, et d'y avancer d'un pas libre de toute entrave; et de là des progrès devant lesquels se sont éteintes bien des misères qui jusqu'alors avaient constamment affligé les populations.

Que l'on compare, au surplus, les diverses nations de l'Europe, on verra dans les situations respectives de nombreuses inégalités qui toutes proviennent uniquement de la différence des institutions en matière de travail et de propriété. Là où tous n'avaient pas droit d'user librement de leurs facultés productrices et de réaliser leurs gains en achetant la terre, règnent l'indolence et la pauvreté; là où ce droit est reconnu et pratiqué depuis longtemps, règnent, au contraire, l'activité et l'abondance. Il n'y a, pour s'en assurer, qu'à jeter un coup d'œil sur les champs et les villes de la Hongrie, de la Pologne et de la Russie : à peine y verra-t-on poindre quelques commencements des labeurs habiles auxquels la Suisse, la Hollande, la France et tant d'autres contrées doivent la prospérité dont elles jouissent.

Quelque pernicieux que soient les obstacles à l'usage du droit naturel de travailler et d'acquérir, ils cèdent cependant à l'essor spontané du génie humain. Il est, au contraire, des obstacles qui ne cèdent pas : ce sont ceux que crée le manque de sûreté pour la propriété. La propriété, c'est le but et la récompense des efforts de l'homme : ôtez à la propriété les garanties dont elle a besoin; laissez-la exposée aux violences et aux spoliations, et l'industrie découragée ne pourra plus avancer. Voyez l'Asie! Vainement le ciel l'a-t-il comblée de ses dons les plus précieux; vainement jouit-elle d'un beau climat, d'un sol fécond, de communications faciles avec des contrées prêtes à lui transmettre la connaissance de leurs arts et de leurs découvertes, l'Asie vit immobile, et pas un progrès ne s'accomplit dans son sein. C'est que la propriété n'y rencontre pas le respect auquel elle a droit. Des gouvernements, fondés par la conquête, se sont attribué la possession du territoire ; ils ne voient dans leurs sujets que des fermiers à titre révocable, et sur toutes les têtes plane la terreur des avanies et des confiscations. De là l'état d'atonie et de stagnation d'une industrie privée de force motrice. Des laboureurs qui ne sont pas certains de demeurer maîtres des champs qu'ils occupent, ne font rien pour ajouter à leur fertilité ; des marchands, que menacent les extorsions du fisc, cachent les gains qui devraient leur servir à étendre leurs opérations ; les artisans mêmes ne tentent pas de sortir de la sphère où leur pauvreté les protège ; et l'indigence reste le triste partage de populations au sein desquelles nul ne fait des efforts bien énergiques pour créer et amasser des richesses dont la conservation et la transmission ne sont pas suffisamment assurées.

L'Europe, au reste, a fait l'expérience de la

gravité des maux que peuvent déchaîner les accidents qui troublent, même momentanément, la sécurité des possessions. Il est arrivé parfois que des commotions politiques ont soulevé des doutes sur l'avenir réservé aux fortunes, et, à l'instant même, l'activité industrielle s'est affaiblie et resserrée dans les États où ces doutes venaient de naître. Quelque abondants que fussent les capitaux, la crainte des périls qui semblaient les menacer en arrêtait la circulation ; la propriété même n'obtenait plus les avances dont elle a besoin pour réaliser les améliorations qui la rendent plus productive ; les entreprises qui ne s'achèvent qu'avec le concours de beaucoup de temps étaient ajournées : plus de constructions nouvelles, plus d'achats en gros ou de spéculations à longs termes ; les marchands laissaient leurs magasins se vider, les manufacturiers réduisaient ou suspendaient leur fabrication, la production diminuait, et la misère ne tardait pas à s'appesantir sur des populations subitement privées d'une foule de travaux que l'incertitude d'en recueillir les bénéfices rendait d'une continuation trop hasardeuse.

De tels faits, et il serait facile d'en citer bon nombre de semblables, attestent à quel point les

progrès du bien-être social dépendent de la libre
répartition des richesses et du degré de respect
dont la propriété est l'objet. On ne peut faire de
l'homme une machine qui fonctionne à l'aveugle.
C'est un être doué d'intelligence et de liberté,
dont l'activité ne s'exerce pas sans motifs, et qui
ne la déploie dans toute sa puissance qu'excité
par la perspective de justes et suffisantes rémunérations. Qu'aucun obstacle ne l'empêche d'user
à son gré de ses facultés productives et d'en tirer
tout le parti compatible avec leur étendue; qu'il
n'ait à consulter dans ses acquisitions que ses
ressources et ses convenances personnelles; qu'il
soit certain de n'être jamais troublé dans la possession et l'usage des biens qu'il pourra se donner,
et ses labeurs, animés par le désir naturel d'étendre sa fortune ou celle des siens, deviendront de
plus en plus vigoureux et féconds. Il s'attachera à
découvrir les moyens de simplifier et de perfectionner des œuvres dont il voudra multiplier les
fruits; il recherchera avidement les connaissances
essentielles à leur amélioration; il amassera les
capitaux qu'en réclamera l'application; nul effort
ne lui coûtera quand il s'agira de l'augmentation
de sa part de bien-être, et des sociétés, où tous

travailleront avec ardeur à obtenir plus d'aisance ou de richesse, ne manqueront pas d'avancer à grands pas vers des destinées plus heureuses.

On ne peut trop le répéter : c'est dans l'indépendance du travail, dans la sûreté et la libre répartition de la propriété que résident les conditions éternelles et véritables du développement des richesses privées et publiques. Il faut que ces conditions subsistent dans toute leur plénitude pour que la perfectibilité humaine produise ses fruits, et assure aux populations un bien-être constamment croissant. Affaiblir ou supprimer ces conditions, c'est atteindre les efforts des hommes dans leur principe, c'est les frapper de langueur et d'impuissance; et alors des misères dont il n'est donné qu'aux progrès de l'industrie et de la production d'amener l'atténuation ou le terme, s'aggravent et continuent à peser sur des sociétés à qui la Providence a cependant accordé les moyens de s'en affranchir.

FIN.

BIBLIOTHEQUE NATIONALE DE FRANCE
3 7502 01918826 9